야산을 보며

배영운 시집

月刊文學 출판부

시를 좋아하고 사랑했습니다.
요즘 시는 너무 어렵다고 합니다.
그래서 시를 썼습니다.

차례

야산을 보며

세월호 침몰사고

TV를 애써 켜지 않으면서 결국 켜고 마는
그리고 다시 끄는 아픔을 반복하고 있다

가슴이 미어지고 목이 메고
풀 길 없는 분노와 자책을 거듭하고 있다

얼마나 무서웠을까
얼마나 고통스러웠을까

나쁜 어른들 때문에
착하고 어린 꽃봉오리들이
피지도 못하고 슬프게 서럽게 지고 말았다

뭘 해도 웃어도 문득 문득 이렇게 해도 될까
스스로 묻게 되는

그리고, 나라의 민얼굴을 그대로 온 천지에
내보인 듯 부끄러워 얼굴을 들 수가 없다

진심으로 반성하기는커녕
서로를 탓하고 다투는 모습 정말 싫다

지금 우리 모두가 죄인일 뿐이다
그리고 사무치는 그리움과 후회……

너희들의 희생을 헛되지 않기 위해
못다 한 꿈을 더 아름답게 피우기 위해

씩씩하겠다고 더욱 열심히 치열히 살겠다고
다짐할 뿐이다.

참담한 대구지하철 화재

삶은 참으로 알 수가 없다
아침 잘 먹고 나가
차가운 죽음으로 돌아오다니

그 시간에 그 자리에 있었다는 것 외
아무 잘못이 없는데
지하철을 탔다는 죄밖에는

풀썩풀썩 솟아오르는 시커먼 연기
지금 저 아래는
처절한 삶과 죽음이 연출되고 있는데
우리는 그냥 불구경을 할 수밖에 없다

숨이 막혀요!
문이 안 열려요!
살려 주세요!
전화 속 마지막 말이 비수같이 가슴을 도려낸다

처참한 잔해 속 검게 그을려 누워 있는 저들은

가까운 내 이웃 부모 형제인데
살아 있다는 부끄러움과 죄인 된 마음

그러나,
분노하고 원통해도 아무도 책임지는 사람 없다니!
가녀린 꿈과 소박한 소망들이
저 무지막지한 연기 때문에 사라지고 말다니.

빨리빨리

한국을 아는 외국인이면 다른 말은 몰라도
빨리빨리는 다 아는 한국의 말
한국에 오면 가장 먼저 배우는 말

너무 출발이 늦어
우리는 쉬지 않고 달리고 또 달려야 했다

그때는 속도가 지상 제일의 과제요
속도를 위해 다른 건 생각할 수 없었다

잠시도 뒤돌아보지 않고 달려온
그래서 관성이 붙어
이제 멈추려 해도 쉽게 멈출 수 없다
관광을 가도 빨리빨리 다녀야 더 많이 본다는

어느덧 조급증에 걸려
모두 빨리빨리를 외치고 있다

숨 돌릴 사이 없이 달려와 자기도 모르게

속도에 취한
이러면 안 되는데 하면서 뛴다

유래 없는 눈부신 압축 성장을 이룰 수
있었던 것도 그 때문인지 모른다

그러나, 외부에 비친 무엇에 쫓기듯 한 우리의 모습
그들은 도대체 이해하지 못한다

가속도에 속아 그만 속도감에 갇혀 버린 곳

온통 뛰듯이 걷는 나라
아직도 역 광장에는 걷더라도 마음 속으로는
뛰는 이가 더 많다.

도둑에 관하여

도둑도 가지가지

자기가 도둑인 줄 아는 자도 있고
도둑인 줄 모르는 자도 있다

도둑임을 숨기려 하는 자도 있고
자랑하는 자도 있다

확실히 보이는 도둑도 있고
그보다 더 무서운
전혀 보이지 않는 도둑도 있다

도둑을 솔직히 인정하는 자도 있고
끝까지 버티는 자도 있다

도둑의 기술도 가지가지

진짜 도둑은
도둑을 당해도 당한 줄 모르게 하거나

알고도 신고하지 못하게 한다

그리고,
도둑을 신고하는 자도 있고
신고하지 않는 자도 있다.

소주를 마시며

첫 잔은 쓰고 톡 쏘아 얼굴을 찡그린다
카~, 커~,
그 진한 공격성에
왜 이 술을 먹을까 스스로 묻는다

소주!
이름 그대로 불을 사르는 술
마음도 몸도 철저하게 불태운다

기쁨을 더 기쁘게
괴로움을 덜 괴롭게 하는 아릿한 마취
작은 투자로 이렇게 정직하게
얻을 수 있는 게 세상에 없다

밀착돼 끈적끈적 달라붙는 세상을
잠시나마 간격을 만들고
분리하고 떨어지게 한다

쓴 술이 달아질 때

모든 근심 우습게 보이고
세상이 그럴듯해지고
마음은 풍선처럼 부풀고 가벼워진다

소주는 힘든 이를 지켜 주는 고마운 벗
불을 사르듯 강한 열기로
가슴 속 쌓인 찌꺼기를
활활 태워 버린다.

흰 국화꽃

투명하도록 맑고 깨끗한 영혼이 스며 있을 것만 같다
화환으로 상가(喪家)를 숙연하게 장식하거나

슬픔과 눈물이 어린 영원한 이별의 영전(靈前)에
한 포기씩 바쳐지기도 한다

소복(素服)을 한 가냘픈 청상(靑孀)을 떠올리게 하는
가엾고 안타까움이 서린 해맑은 꽃

누구나 순수해지지 않을 수 없는
아픔이 배인 엄숙한 장례의 자리에서
언제나 깊고 푸른 하늘처럼 맑고 청초하다

혼자 말하지만 상대가 있는 듯 느껴지는
떠났지만 곁에 있는 것 같은 슬프고 절실함이 배인

서럽고 그리운 이를 향한 한 다발의 꽃으로 무덤 앞에
놓인다.

겨울바다를 보며

거친 바다에 찬바람이 불고
큰 파도가 높게 부풀어오르며 너울거린다
그 파도 위에 무수한 잔물결이 잘게 부서지며
어지러이 출렁거린다

멀리서 보면 굽이치는 큰 파도만 겹치고
작은 물결은 그저 은빛으로 반짝거린다

높은 파도에 파묻히는 잔물결처럼
역사의 격랑에서
개인의 삶은 묻히고 보이지 않으리라

용솟음치고 뒤엎이고
넘실거리며 끊임없이 파도가 밀려오고
그 너울 위엔 무수한 작은 삼각형의 물결이
물 끓듯 춤춘다

파도가 힘차게 요동칠수록 잔물결은
더욱 격렬해지고 걷잡을 수 없는 소용돌이가 되어
산산이 부서진다.

민들레의 비상(飛翔)

노랗고, 하얗고, 동그랗고 납작한
길가 밭둑 어디서나 쉽게 볼 수 있는 친숙한 꽃
항상 잡초 속에 묻혀 보일 듯 말 듯 혼자서 핀다

피었을 때보다 져서 더 아름다운 기묘한 꽃
동그랗게 하얗게 온몸에 씨를 꽂은
이상하고 신기한 모습이다

꺾어 훅 불면
낙하산을 타듯 씨를 하나씩 매달고
하얗게 연기처럼 흩날리며 어디론가 날아간다

키가 작아 잡초 속에 묻히기에
그 간절한 소망은 멋진 비상으로 열리고

비정하고 처절한 생존은
생명의 오묘함과 경외감을 준다

단단한 아스팔트를 뚫는 죽순처럼

아슬아슬한 벼랑에 푸르게 선 소나무처럼
생명은 역경일수록 더 강한 생명력을 지닌다.

월드컵 축구

한 아름도 안 되는 두 손 안에 들어오는 공
온 세계를 들었다 놓으며 힘차게 지구를 걷어찬다

노력만으로 안 되는 우월과 운이 있고
아우성과 소란, 기쁨과 비탄
어쩔 수 없는 극우적 애국을 본다

날아가 골대에 꽂히는 짜릿한 환희!

한쪽이 기쁘면 다른 쪽은 슬픈 것
천당과 지옥을 함께 경험하고

관객 하나하나가 선수가 되어
함께 가쁜 숨소리를 내며 달리고 뛴다

생과 사가 걸린 검투사의 비장미가 있는

오직 승자만 있고 승자에게 모든 것을 주는
패자가 잊히는 냉혹함이 있다

4년마다 펼치는 세계가 열광하는 축제
밤잠을 설치게 하는 설레고 즐거운 시간이 다 가고 나면
도대체 무슨 재미로 살까 절망한다.

붉은악마

오! 필승 코리아! 오! 필승 코리아!
대~ 한민국! 짝짝, 짝짝, 짝
경기장과 거리, 일터와 가정에서
뜨거운 함성이 울려퍼진다

노도(怒濤)와 같은 붉은 바다의 물결
그 위를 뒤덮은 휘날리는 태극기와
온갖 태극기의 패션!
주체하지 못하는 열정으로
활화산처럼 붉은 불을 토하고 있다

한(恨)을 희망으로
부정을 긍정으로 뒤바꾸는 펄펄 끓는 용광로
스스로 놀라고 세계가 놀란다

변방에서 중심으로 물길을 트는 힘찬 물줄기
붉은 강의 거센 물결이 온 나라에 출렁거린다

목이 쉬고, 얼싸안고, 깡충깡충 뛰고

녹슨 철을 새롭게 연마하는 뜨거운 담금질
가장 우리를 우리답게 하는 신명과 홍!

모두가 하나로 녹고 뭉쳐 멋지게 결집하여
강하고 빛나는 새로운 쟁기가 되자!

모래톱을 거닐며

수천수만 번
물결이 쓰다듬는 고운 모래톱
밀려오고 밀려가는 물결에 수없이 씻긴다

부드럽게 조용하게
끊임없이 출렁거리는 잔물결에
모나고 거친돌도
눈부시게 하얗게 모래가 된다

띠처럼 둘러쳐진 흰 모래톱 위를
발자국을 남기며 홀로 걷는다

발바닥에 와 닿는 부드러운 모래의 감촉
물결에 쓸리는 아득한 세월의 침식이
조용히 발 밑에 밟히고

부풀어오르는 먼 수평선과
푸르고 깊은 하늘을 보며
우리는 다만 모래톱을 거닐 뿐이다.

시골 초등학교 운동회

시골 초등학교 가을 운동회
아스라한 추억 속
즐겁고 아련한 기억의 실타래가 가슴을 적신다

종일 정일(靜逸)을 깨는 즐거운 소란함
울긋불긋한 만국기와 형형색색의 옷차림에 그저 눈이 즐겁다

앙증스런 1학년 꼬마들의 달리기에 엄마, 할머니의
열띤 응원
즐거운 과자 따먹기와
5, 6학년 여학생의 곱고 성숙한 차림의 고전무용이 흥겹다

신나는 줄 당기기와 활기찬 기마전
부락 대항전의 힘찬 함성이 드높고
할아버지의 서투른 공굴리기에 온 운동장이 웃는다

다시 돌아가고 싶은 그리운 풍경들
때묻지 않는 인심과 따뜻한 가슴이 있는 온 마을의 잔치
언제나 정겨운 한 폭의 그림처럼 포근하다.

조약돌을 만지며

반들반들하고 동그란
손에 쥐어 보고 싶은 조약돌

손바닥에 놓아
가볍게 던져 올리며 무게를 달아 본다

조그만 무게 속에 세월에 여며진
무한의 시간이 집약돼 있다

날카롭게 각이 선 거친 돌이
흐르는 물결에 얼마나 씻겼기에
이토록 예쁘게 깎이고 닳았을까!

수없이 부딪치고 구르는 아픔을 거쳐
껍질이 벗겨진 난알의 알맹이처럼
물결에 쓸려 마모된 조약돌

무한히 펼치는 상상의 나래 속
숱한 각고의 시련을 안으로 감춘 채

이토록 반짝거리며
길고 긴 부대낌의 세월을 말하고 있다.

선거 운동원

최근에 누구에게 다정히 인사를 받아 본 적이 없는 나에게
웬 낯선 여인이 웃으며 다정히 인사를 한다

내심 놀라며 아마 나를 잘못 보고 그러리라 생각했다
그러나, 다음 순간 이제 막 시작한 선거의 거리 운동원이란 걸
알고 그만 실망한다

횡단보도 또는 네거리에 몇 명씩 줄을 서서
오가는 사람에게 일삼아 인사를 하는
일당을 받고 하는 선거 운동원 아줌마
이제 선거가 끝날 때까지 내내 보게 될 것이다

선거가 끝나면
다시 모르는 사람의 무심한 본래의 모습으로 돌아가겠지
속이 보이지만 그래도 싫지가 않다

선거는 그렇게 조금 낯설게 다가왔다가 익숙해지려는 순간에
사라지고 만다

언제 그런 일 있었느냔 듯 곧 잊혀질 것이다
치열한 운동경기의 응원 열기가 끝난 빈 운동장처럼
그 위대한 선거권과 함께.

선생님

돌아보면 특별히 생각나는 선생님이 있다
어린 가슴에 낙인을 찍듯 먼 시간이 흘렀어도
진실과 정성을 가르쳐 주신 가물가물한 세월
저 편의 얼굴
이따금 아련한 추억으로 떠오른다

지난날 그 모습으로
그때로 다시 돌아가게 하는
세월이 지나도 안 잊히는 선생님이 있다

삶의 향기와 인생의 진로에 큰 영향을 준
좋은 선생님을 만난다는 건 커다란 행운이다

스승의 그늘도 밟지 않는다는
옛적 스승에 대한 그런 아름다운 사회적 분위기

선생다운 선생이 없다
제자다운 제자가 없다는
양비론(兩非論)만 무성한 오늘의 메마른 세태

그러나 아무리 변해도 삶은 흐르며
선생님이 있고 제자가 있다

각박한 세상인심을 너무 나무라지 마라
현실은 만족하기 어렵고 인색한 법

세월이 흐르면 아름다워지고
좋은 것은 더욱 좋게 빛나게 된다.

낙숫물

비 갠 오래된 옛 절의 처마 끝
끊어졌다 이어졌다 하는 풍경 소리 속에
똑, 똑, 똑,
낙숫물이 댓돌 위에 떨어진다

댓돌에 부딪친 물방울이 사방으로 튄다

고요한 정적을 깨는 맑은 낙숫물 소리가
어떤 아름다운 음악보다 마음을 맑게 한다

한 곳을 향한 끊임없는 떨어짐

벽에 기대어
떨어지는 낙숫물을 바라본다

길고 긴 세월 동안 비가 오면
언제나 저렇게 한결같이 떨어졌을 것이다

낙숫물에 파인 댓돌의 오목한 흔적

돌도 물에 뚫린다

부드럽고 무른 것이 굳고 단단한 것을 뚫는다

건너편 숲 속
하안거(夏安居)에 들어간 선방(禪房)이 깊고
적막하다.

맴도는 톱니바퀴

끊임없이 바쁘게
한 날 한 날 물고 돌아가는 톱니바퀴를 본다

큰 바퀴는 천천히
작은 바퀴는 빠르게 돌아간다

정확히 이어지며
한 치의 오차도 없다

거대한 기계덩어리 같은 삶
짝지은 톱니바퀴처럼
모두가 꽉 짜여 빈틈이 없이 돌아간다

내 마음대로 할 수 있는 건 하나도 없다

움직이기 싫어도
움직이지 않을 수 없게 맞물려서
돌아갈 수밖에 없다

보이지 않는 통제와 일 속에 갇혀
관성에 이끌린 듯 제자리에서 끝없이 맴돈다.

못난 부모

요즘은 잘난 부모 되기 정말 어렵다
부모가 반 팔자란 말이 있듯이
부모로 운명의 반이 결정될 수밖에 없다

잘난 부모, 못난 부모
골라 태어날 수 없고 선택할 수도 없다
마음대로 할 수 있다면 얼마나 좋을까!

가장 가까워 상처받기 쉽고
부모 자식 간에도 할 말 못할 말이 있다

능력 있고 존경받는 부모가
되고 싶지 않는 부모가 누가 있으랴!

원하는 대로 다 해 주고 싶고
남 못지않게 잘 키우고 싶다

돌아보면
가엾고 속상하고 후회되지만

부모 마음 자식 마음 서로 다르고
못해 줘 아파하는 마음 알기나 할까.

노을 속에서

붉은 노을이
온통 하늘과 땅을 물들이고 있다

해 질 무렵이 되면
무엇 하나 마음을 사로잡지 않는 게 없고
신비롭지 않은 것이 어디 있으랴!

노을을 배경으로 하고 선 그녀
선뜻 다가갈 수 없는 천상의 여인이 된다

아늑히 땅거미가 내려앉는 황혼녘
멀리 불빛이 깜박거리고
박명(薄明)의 어둠 속 서늘한 창백미

여인은 하늘에서 내려온 선녀인 듯
볼수록 눈부신 황홀한 한 송이 꽃이 된다
숨막히는 아름다움이 된다

노을이 깃든 어스름 길을

기쁨에 떠는 행복 속에
둘이서 손잡고 천국을 걷는다.

목걸이

희고 고운 목에 목걸이가 아름답다

훤히 파인 시원한 목
보일 듯 말 듯 감춰진
그 부드러운 계곡 속 얼마나 황홀할까!

마음을 사로잡는 찰랑거리는 쾌감
화려하게 섬세하게 반짝거린다

좀더 좀더 깊이 하는 안타까움에
마음을 빼앗기고

따스한 굴곡 속 살가운 접촉
아늑한 숨결에 따뜻이 기댄다

마음을 흔들고 설레는
아슬아슬한 경계선의 찌릿한 유혹

보면서 안 보는 척
마음을 숨기며 흘끔거린다.

뒤태

매력적인 여인의 뒷모습
황홀한 상상을 불러일으키는 멋진 예술품 같다

사뿐사뿐 걸어가는 가녀린 여인의 뒤태
홀딱 마음을 빼앗겨 눈을 떼지 못한다

긴 여운처럼 마음을 사로잡고 놓아 주지 않는
앞질러가 보고 싶은
하늘하늘 바람결에 실리는 실버들 같다

특히 뒤태가 고운 여인이 있다

시선을 잡아끌어 놓아 주지 않는
강한 향기에 취한 듯 홀린 듯
자기도 모르게 마냥 뒤따르고 싶다

이따금 거리에서 만나는 여인의 매혹적인 뒤태!

청자 항아리의 빼어난 선을 닮은 그래서 설레고
언제나 행복하다.

여인의 눈물

여인은 기뻐 울고 슬퍼 운다
좋아 울고 속상해 울고 서러워 운다
반가워 울고 감격해 울고 안타까워 운다

여인은 울 일이 참 많다
타고 난 걸까?

울거나 눈물을 흘릴 때
왠지 가슴이 흔들리고 찡하다

소녀의 눈물은 가엾고
아낙네의 눈물은 애달프고
노파의 눈물을 서럽다

여인의 눈물은 애교이고 애원
어쩌면 솔직한 삶과 생활의 표현
방법이기도 하다

여인의 눈물은 한없이 아름다운 것,

소중한 것, 알뜰한 것, 사랑하는 것이다

여인은 울면서 성숙해 가고
늙음은 눈물이 말라 가는 과정
아주 늙으면 울 일이 없다

여인은 예쁘게 잘 운다
볼 위로 흘러내리는 눈물을 보면
어떤 억센 힘도 그 앞에서는 힘을 잃는다.

여자 한복

여인의 고유한 멋 우리의 옷

간단하고 편리한 것만을 좇는 현실에서
평상의 옷이 아닌, 그래서 잘 입지 않는다

명절이나 경사 때야 아담하고 산뜻하게 차려입는
우리가 모르는 남들이 감탄하는 옷

바람이 살랑일 때 나부끼는 황홀한 옷이다

눈부시는 화려한 꽃밭 같고
나비의 날개같이 하늘하늘 날리는 옷

맵시있게 곱게 차려입은 여인이 너무나
우아하고 아름답다

단아하고 기품이 서린
한 번 입어 봤으면 싶은 설레는 천상의 옷

하늘을 나는 선녀의 휘감기는 바람의 옷이다.

짝사랑

짝사랑은 메아리 없는 사랑
혼자 가슴 태우고
혼자 사랑하는 것

짝사랑은 반쪽 사랑
상대방은 끝내 알지 못한다

누굴 몰래 사랑하고
마음앓이한다는 건
행복한 아픔

간절히 사모하는 마음
그 사람은 알 리 없지만

혼자 그리워하고
혼자 가슴 삭인다

짝사랑은 혼자만의 슬픔
사랑이 들킬까
안으로만 숨긴다.

첫사랑

첫사랑은
아름답지만 이뤄지지 않는다
너무 수줍고 순수하기 때문에

꿈과 기다림과
알 수 없는 설렘이 있던
그 그리운 날로
다시 돌아가고 싶다

열정에 앓는
뜨거운 가슴이 있던
황홀한 첫사랑의 기쁨

아무리 세월이 흘러도
결코 잊을 수 없는
소중하고 아련한 낭만

첫사랑은
깨어지기 위해 있다는데

그리고 돌아보며
홀로 미소 짓는다.

청혼곡

야트막한 숲길을 걷는다

여기저기에서 들리는 유쾌한 새의 지저귐과
맑고 은은한 풀벌레 소리들

걸음을 멈추고 가만히 귀를 기울인다

그들은 지금 열심히 연가(戀歌)를 부르고 있다
새 소리 벌레 소리가 수풀 속을 아름답게 적신다

갖가지 음색과 곡조로
온갖 근사한 목소리와 재주로
짝을 부르며 유혹하고 있다

시끄럽고 즐겁다!

빛나는 햇살과 향기로운 공기
살랑거리는 부드러운 바람결

나도 모르게 콧노래를 흥얼거린다
사랑의 노래였다.

열병의 풋사랑

돌아보면 부끄럽고 웃음이 절로 난다
풋풋하고 서툰 사랑
격정처럼 뜨겁지만 어찌할 줄 모르는
전혀 새롭고 낯설은 딴 세상을 본다

감당할 수 없는 뜨겁게 치솟는 불덩이처럼
내가 주위가 모든 게 활활 불탔다

너무 강렬하고 눈부신 빛이기에
꺼지면 전혀 보이지 않는 어둠을 느꼈다

너무 순수하였기에 미치도록 열광하고
너무 간절하였기에 맹렬하고 치열했다
소용돌이치는 거친 물이랑으로 출렁거렸다

좁고 급한 계곡을 정신없이 흘러와서야
겨우 돌아보듯
넓고 평온한 물길에서 조용히 추억하며
잠잠히 흐를 수 있었다.

그 처녀

어느 날 문득 내 혼을 몽땅 빼앗아간 처녀
그날 이후 지독한 열병에 걸려 버렸다

보고 싶어 애타게 찾을 땐 보이지 않고
생각하지 않은 엉뚱한 때 꼭 만나게 되어
그만 당황해서 우물쭈물하고 만다

어느 날 그 맑은 눈으로 말끔히 쳐다보았다
나는 그만 숨이 꽉 막혀 온몸이 굳어 버렸다
그때 내 꼴을 생각하니 속상해 죽겠다

눈만 감으면 그 처녀만 보인다
아무 일도 손에 잡히지 않고 밥맛도 없다

안 보면 보고 싶어 미칠 것 같고
자나깨나 그 처녀 생각뿐이다

그러나 그 처녀만 보면 혼이 나간 듯
정신이 하나도 없어
그만 쭈뼛거리고 어쩔 줄 모르니 울고만 싶다.

딸과 며느리

봄볕에 며느리 보내고
가을볕에 딸을 보낸다

딸은 격의 없고 속말을 다 하는
때론 보기 싫고 미울 때도 있다

딸은 딸
며느리는 며느리

며느리가 딸이 될 수 없다

딸은 손바닥 며느리는 손등

딸은 피붙이
며느리는 아들의 여자
아니 경쟁자!

딸도 누군가의 며느리인데.

떨어지는 은행잎

은행잎은 낙엽이 더 아름답다

깨끗한 노란색 잎은
웃음처럼 온 세상을 밝고 환하게 흔든다

한 움큼 주워 하늘 높이 흩뿌리듯
조그만 바람결에도 팔랑개비처럼 뱅그르르 돌며
우수수 떨어진다

짙게 물든 노란 잎이 땅바닥에 가득 내려앉는다

나무 주위로 드리워진 샛노란 그림자처럼
낙엽은 산뜻한 물감 같다

낙엽은 우수처럼 슬프고 쓸쓸하지만
맑고 투명한 노란 은행잎은
땅에 떨어져서 더 생명을 얻듯 생기 있고 선명하다

생의 마지막은
살아온 그 삶의 모든 모습이다.

야생화

아무도 보는 이 없어도
있는 듯 없는 듯
혼자 바람을 즐기며 예쁘게 핀다

길가, 언덕, 산기슭, 숲 속
무심히 지나치면 아무것도 없지만

눈여겨보면
곳곳에 꽃이 있다

잡초같이 이름 없는 꽃
가만히 들여다볼수록
더 아기자기하고 사랑스럽다

쉽게 눈에 띄는 화려함보다
깊게 숨어 있어 오히려 소중하다

찾는 이도
관심 갖는 이도 없지만

각자 나름대로
깊고 고운 뜻을 지니고
홀로 꽃을 피운다.

야산을 보며

푸른 솔이 덮여 있는
구릉 같은 나지막한 산

뭔가 한없이 포근하고 아늑한
따뜻함이 있다

그 사이에 누워 보고 싶은 곡선의 흐름들
굽이치고 겹치는 물결을 닮았다

날씬한 외씨버선코
반달 같은 여인의 저고리 도련과
소매의 곡선도 야산을 닮았고

둥그런 초가지붕의 흐름
살짝 들린 기와집 추녀 끝

그리고
우리의 무덤까지 야산을 닮았다

앞산 뒷산 정겨운
둥글둥글한 부드러운 곡선과
은근한 우리의 모습

자신도 모르게 야산을 닮는다.

늙음

늙음은 누구에게나
찾아오는 삶의 계단
거부할수록 집착하고
예고하지만
문득 다다라 깨닫는
어리석은 자각이다

내게는
결코 찾아오지 않을 줄 알았는데
돌아보며 후회하는 슬픈 착각

늙음은 치르고 싶지 않는
서러운 쓴 잔
생(生)의 서글픈 한 과정이다

안 아픈 데 없고
옹이마다 삐걱거리고
구질구질하고
늙음은 어쩔 수 없이

찾아오는 생명의 끝자리

피할 수 없는 질병이며
생략하고픈
산 자의 간절한 거역이다.

아기 사랑

아기의 맑은 얼굴에서
아득한 세월을 본다

신라의 아기로
고려의 아기로
조선의 아기로
오늘의 아기로

눈에 넣어도 아프지 않는
꼭 깨물고 싶도록 귀엽고 사랑스럽다

아기를 어르고 눈을 맞추는
부모의 그윽하고 다정한 눈길

변하지 않는 영원의 세월 속에 있다

언제나 부모는 끝없는 사랑과 보람으로
아기를 보듬고 웃고 볼을 비빈다.

관조

병실에서 밖을 내다본다
사람들이 분주하게 오간다
뭐가 저리 바쁠까?

하나도 바쁠 게 없는데,
왜 그랬을까?

목숨이 걸린 듯 허둥지둥하던 내 모습
지금 생각하면 우습다

창을 통해 바라보는 세상 참 아름답다
무척 고통스럽다고 생각했는데

갇힌 듯한 이 답답함
북적이고 와글거리는 바깥이 무한히 그립다

언제 다시 저들 속에서
뛰듯 바쁘게 걸어 다닐 수 있을까!

노점상 할머니

재래시장 입구 건너편 조그만 좌판을 벌인 작고 하얀 할머니
종일 꼬부리고 앉아 있다
좌판에는 여러 가지 나물이 올망졸망 놓여 있다
실파, 더덕 짼 거, 깐마늘, 애호박, 손질한 고구마 줄기, 깻잎,
풋고추, 이따금 산나물도 보인다

아침에 나와 저물도록 앉아 꼬물거리고 있다
나물을 다듬고 손질하느라 잠시도 손을 쉬지 않는다
허리가 아픈지 이따금 손등으로 허리를 치기도 하고
길 건너 큰 가게들을 물끄러미 바라보기도 한다
지나다니는 사람은 많지만 할머니 좌판에는 손님이 없다

"많이 팔았어요?" 묻자
손님인 줄 알고 반색하다가,
"불경기는 불경기인가 봐!"
혼잣말처럼 말한다

"힘들지 않아요?"
"먹고 사는 게 쉬운 게 어디 있나!"

"건강하니 다행이네요!"
"건강하면 뭘 해?"
"건강보다 중요한 게 어딨어요!"
"너무 오래 사는 것도 안 좋아!"

쪼그라진 할머니의 작은 얼굴에 더 깊게 주름이 파인다.

쓸쓸한 아이쇼핑

온갖 종류의 상품들이
눈부시게 빛나는 조명 아래
고귀한 듯 뽐내며 사 달라고 유혹한다

조금은 슬프고 쓸쓸한 마음으로 돌아다닌다

너무 비싸 살 수 없는
나와는 너무 먼 거리에 있는 상품들이지만
살 것같이 두리번거리며 초라함을 숨긴다

부러움과 절망
뭔가 빼앗기고 잃어버린 듯 쓰라리다

휘황찬란한 쇼윈도의 상품들이
어떤 꽃들보다 더 화려하고 요란하다

즐거운 축제에 함께 끼지 못하는
뒤처지고 소외된 아픔같이
기다리다 초대받지 못한 외톨이의 슬픔같이

아쉬움과 안타까움 속에
마음의 허기를 눈으로 먹듯 하염없이 돌아다닌다

눈물을 감추려고 밝게 웃는 웃음처럼
쓰라릴수록 더 짓는 명랑한 표정처럼
쾌활하게 떠들며 여기저기 기웃거린다.

아줌마

화려한 꽃이 진 뒤의 풍경이 삭막한 뜰

환상 속에 깨어나 현실의 매운바람 속에
몸체 내놓은 연약한 한 포기 화초다

단단하게 단련되지 않으면 마르거나
시들어 버릴 수밖에 없는 거칠고 고단한 삶

만만찮은 삶의 격랑을 헤쳐 가는 강인함에
왜곡되기 쉬운 조금은 억울한 대접
곱고 섬세했던 처녀적 감성은 잃었지만
가슴 속 깊은 속내는 여리디 여리다

수줍음이 증발된 펑퍼짐한 모습
누구 엄마로 이름까지 잃어버려도
언제나 자기보다 가족을 앞세우는
오직 남편과 자식 사랑에 자신은 뒷전이다

한 푼이라도 아끼려고 떼를 쓰듯 깎고 흥정하는

식당에서 수다를 떠는 뽀글뽀글 파마한 아줌마들

버스나 전철에서 서로 좋은 자리를 차지하려 하거나
옹골찬 막무가내식 행동들이 때론 억척스럽고
민망하게 비춰도
갸륵하고 순수한 마음은 영롱한 보석같이 맑디맑다

어떤 힘든 어려움 속에서도 결코 포기나 좌절을
모르는 아름답고 영원한 모성의 모습이다.

알뜰시장

무슨 축제처럼 들뜨게 하는
온갖 종류의 중고품과 아주 저렴한 가격의 알찬 장터
귀여운 마음과 손때 묻은 삶이 있는 유쾌하고
즐거운 곳

앙증맞은 예쁜 아기 옷과 신발에서부터
없는 것이 없는 온갖 생활의 아기자기한 소품들이
주인을 기다린다

버리기는 아깝고 남 주기는 그렇고
판다고 생각할 수 없는 것들을 파는 곳
자기에겐 소용없지만
누군가에겐 긴요하고 소중한 것이 될 수 있는
배려와 따뜻함이 있는 나눔터

오밀조밀한 재미와 미소가 헤퍼지는 곳
무슨 보물찾기 같아 정말 즐겁다

마음을 아프게 하는

너무 사치스럽고 비싼 것이 없는
누구나 여유롭고 홀가분함을 느낄 수 있고
조금은 장난끼도 있는
조그만 홍정과 나눠 갖는 넉넉함이 있다

그리 넓지 않는 알맞은 자리에서
사람이 꼬이고 북적거리다
언제 그랬느냔 듯 흔적없이 사라진다

흥겨운 잔치 뒤의 아쉬움 같은
묘한 미련과 그리움이 괸다.

아리랑

삭풍이 몰아치는 만주 벌판에서
징용의 고된 지하광산에서
정신대의 쓰라린 움막에서
우리는 소리죽여 아리랑을 불렀다

찾아도 찾을 길 없는
멀리 가 버린 돌아오지 않는 님

아리랑 아리랑 아라리요
아리랑 고개로 넘어간다

마음이 아플 때 서러울 때
그리움에 한이 맺히면

너무 기쁘거나 벅찰 때
우리는 자신도 모르게 소리 높이
함께 아리랑을 부른다

안으로 다독이며 이어온

우리의 핏줄 속에 녹아 흐르는 아리랑

숨결처럼 잠재의식처럼
영원히 우리의 가슴 속에 살아 흐른다.

호박꽃

못나면 호박꽃 같다 하지만 호박꽃보다 못한
꽃도 많다
크고 단순하고 밋밋해 그렇게 부른 걸까?

흔하면 귀한 줄 모른다
호박꽃은 크고 꿀이 많고 모두가 좇는 황금빛
색깔이다

우직하고 충실한 사람보다
약고 자기 과시가 강한 이가 살아남음은
먼 원시에서 이어온 생존의 속성일까?

투박하고 두루 유익한 것보다
얄팍하고 잇속만을 좇는 이가 도약을 잘 하는
모순성

그러나 이름 없는 호박꽃 같은 이가 많기에
우리가 지탱한다

울타리 밭둑 어디고 쉽게 보는 평범하고
소박한 꽃

뭉툭한 꽃잎과 막대기 같은 꽃술이지만
크고 알찬 결실을 주는 우리에게 더 없이
필요하고 귀한 꽃이다

선뜻 눈에 띄는 화려함에 팔려
쉽게 눈에 들어오지 않아도
없으면 안 되는 소중한 꽃임을 알지 못한다.

꽃

언제나 화살처럼 시선이 꽂히는
자기도 모르게 침을 꼴깍 삼키게 하는
꽃은 식물의 예쁜 생식기

자손을 퍼뜨리기 위해
남기기 위해
가장 곱고 눈부시게 꾸미지
살랑거리며 유혹하지

빨갛고 노랗고 하얗고 파랗고
멀리서도 얼른 눈에 띄게
온갖 색깔과 모양으로 곱게 치장을 하지

달콤한 꿀로 향긋한 향기로
화사한 몸짓으로
유혹해 깊이 품으려 하지
꼭 안고 싶어 하지

꽃은 가장 아름답고 소중하고 부끄러운 곳

연약하고 가냘프고 부드러운 곳

그러나 가장 강인한
위대한 생명을 잉태하지.

가을

가을은
어딘가로
떠나고 싶은 계절
어디론가 우리를 유혹한다

나뭇잎이 우수수 떨어지고
계절이 바뀜을 느끼는
우수(憂愁)가 슬프다

가을은
어딘가로
떠나는 계절

모두
떠나는 마음이 되어
설레고 슬프다

가을은
생각하는 얼굴로

이별의 의미를 되새기고

이별을 사랑하고
이별을 연습한다.

어버이날

일 년이 아닌 매일 하루로 헤아려야 할 마음
그러나 하루의 관심으로 일 년을 잊는
오늘 우리의 효도 풍속

해마다 나아질까 해도
언제나 힘들고 빠듯한 삶

알면서도 못하고
늘 생각하면서도 안 되는
붉은 카네이션 한 송이로 대신하는 자식의 맘

서로 다른 생각으로 염려하고
바라는 마음 틀려도

사는 게 뭔지
마음만 있을 뿐
못다 한 아픔을 속으로만 되뇐다

무슨 훈장이듯

여러 개 카네이션을 주렁주렁 가슴에 단 할아버지

흐뭇한 기쁨의 표시인가
소외된 슬픔의 한인가

연탄재처럼
메마르고 가벼워진 모습으로
흔들리는 걸음으로 길을 가고 있다.

어미 맘

눈에 차는 자식 하나 없다

하나같이 속을 썩이고
딸년들은 오면 가져갈 궁리만 한다

다른 집들은
안 그러지 싶다

지지리 복도 없지
내같이 복 없는 년은
조선 천지에 없을 거다!

푸념을 늘어놓으면서도
속으로 더 못 줘 또 마음 아프다.

아기

꾸밈이 없는 있는 그대로의 자연
그 자연을 본다

보임도 보여짐도 필요 없는
포근한 천진스러움
아무 숨김이나 거짓이 없다

바람에 나부끼는 나뭇잎의 살랑거림
촐랑거리는 시냇물 소리와 그 율동
이따금 우짖는 새 소리의 울림과 같은

원초적 숨결이 깃든
아득한 그리운 고향의 모습
그 고향을 본다

맑디맑은 눈동자와
방글방글 웃는 웃음과 귀여운 옹알이

모두가 그리는 천국을 본다
그 간절한 낙원을 본다.

호상(好喪)

노할머니가 돌아가셨다
아래로 퍼진 자손이 수십 명이다

구순(九旬)잔치에 기념으로 찍은 가족사진
아기와 아이와 중고교 학생, 처녀총각,
청장년, 노년
모든 세대가 함께 있다

앉고 선 모습이
옛 초등학교 졸업사진 같기도 하다

상가는
슬픔보다 부산한 즐거운 잔치집 같다
격식을 차릴 때 곡을 하지만,
돌아서면 웃고 떠들고
죽음이라는 서러움은 어디에도 없다

호상이다!
문상객들도 위로보다 축하하듯 말한다

구성진 선소리꾼의 신명에 따라
긴 상여의 행렬에 만장(挽章)이 펄럭거린다

한없이 가벼워진 노할머니의 육신처럼
상여는 덩실덩실 춤을 추듯 가볍다.

화려한 조화행렬

어느 권세가의 모친 상가(喪家)
대문에서 골목으로 늘어선 긴 조화행렬
이름표를 달 듯 저마다 긴 휘장을 드리우며 뽐내고 있다

경염(競艶)하듯 위세하듯 온통 골목으로 넘치는
크고 작은 흰 국화꽃 화환들
때 아닌 국화꽃 잔치가 벌어졌다

그 화환에 흐뭇해할 상주
늘어선 화환에 놀라는 문상객

며칠 지나 그냥 버리기엔 너무 아깝다

"한 트럭도 안 넘겠나!"
"죽은 뒤 트럭으로 갖다 놓으면 뭘 해!"
"상주 보고 했지 죽은 사람 보고 했나?"
"꽃집이 살 판 났네!"

아무것도 모르고 누워 계시는 분

이 화려한 꽃 제전(祭典)에 황홀해할까?

정승보다 정승의 말 주검에 더 긴 조문행렬
예부터 즐겨하는 우리 이야기다.

상여

남의 짐이 되어 영원의 망각 속으로 실려 간다

저 울긋불긋한 상여는 산 자를 위한 것
산 자면 누구나 가야 할 결코 가고 싶지 않는 길이다

번잡한 상례(喪禮)는 죽음을 부정하는 슬픈 거부
영원으로 살고 싶은 욕망은 이승과 저승으로
구별하지만

죽음은 무한의 잠
아득한 무의미

구슬픈 상여 소리에 따라 상여가 지나간다

죽음은 섬뜩하고 차가운 아픔을 남기고
영혼이 벗어 놓은 창백한 자국은 슬프고 공허하다

죽은 자는 산 자의 기억 속에 살고
산 자처럼 이야기된다.

툇마루에 앉아서

옛적의 고요가 그대로 머물러 있는 툇마루에
늦가을 따가운 햇살을 해바라기하는
점점 작아지는 할머니의 하얀 모습

종일 아무 말 없이 산을 마주보고 앉아 있다

새색시로
아기 엄마로
분주한 아주머니로
어느덧 할머니로 이어온 삶

들이치는 비바람에 툇마루도 함께 낡으며
할머니가 수없이 닦고 닦아 반질반질 윤이 나 있다

세월과 추억이 두껍게 앉은 툇마루
옛적이나 지금이나 같은 자리 같은 위치에서 보는
계절의 풍경들

할머니의 그 할머니도 저렇게 앉아 계셨으리라.

출산

여자의 가장 신성하고 아름다운 아픔
남자는 그냥 스쳐 지나가는 바람일 뿐이다

열 달 동안 신비로운 생명과 사랑이라는
경이를 품고
창조의 날카로운 고통을 배운다

왜 갓난아기는 낮에는 자고 밤에만 울까?

친정엄마를 자꾸 생각하게 된다
내 딸도 딸의 딸도 나중에야 알 것이다

딸을 낳고 눈물이 났다는 친정엄마의 말
언젠가 네가 만날 그 힘든 고통을 알기에

때로는 남자도 산고(産苦)를 느낀다고 한다

여자는 행복한 인내하는 세월

남자는 수고로운 즐거운 시간

인생은, 삶은 그렇게 이어가고 핀다.

부부

젊어서 사랑으로 살고
중년에 자식으로 살고
노년에 정으로 산다

젊어선 서로를 알뜰하게 아끼고
중년은 자식 사랑으로 인내하고
노년은 미운 정 고운 정 이끌려 산다

그림자처럼 붙어 떨어질 수 없고
서로 닮아 육신의 한 부분처럼
불편함이 없다

젊었을 땐 연인
중년은 조언자
노년은 친구

말없이 교감하고
습관같이 익숙하며
내 몸같이 한 몸으로 산다.

삶의 이유

사람이 삶을 산다는 건
참으로 오묘하고 흥미롭다

저보다 나이 많은 이를 보면
무슨 낙으로 살까 삭막해 하지만

살아 보면 그 나이에 맞게
삶의 이유와 즐거움이 있고
더 깊고 간절하다

어차피 삶은
자기 위주일 수밖에 없고

제 잘난 맛에 살듯
저마다 삶 속에서
행복과 기쁨을 찾는다.

삶의 순서

처음 총각이라고 불렀을 때
처음 처녀라고 불렀을 때
신기하고

처음 아저씨라고 불렀을 때
처음 아줌마라고 불렀을 때
당황하고

처음 할아버지라고 불렀을 때
처음 할머니라고 불렀을 때
슬프고

처음 아빠로, 할아버지로 불릴 때
처음 엄마로, 할머니로 불릴 때
낯설었다

그때마다 뭐라 말 할 수 없는 묘한 마음
그러나 곧 익숙하게 되고 당연하게 들린다

그렇게 인정하고 받아들일 때
어느덧 우리는 일생을 산 것이다.

산벚꽃

건너 보이는 큰 산골짜기
잎이 피지 않는

회색빛 메마른 숲 위에
몇 조각 흰 천이 걸린 듯
산벚꽃이 핀다

볼 때마다 신비스럽고
하얗게 희미하게
봄에 나타났다 흔적없이 사라지는
아련한 안개무리 같은 꽃

가까이 가 볼 수 없어 더 아름답다

산을 넘어가다
구름 몇 조각 나뭇가지에 걸린 듯

높은 산기슭에 산벚꽃이 핀다.

—죽령고개에서

석탑(石塔)

산자락
청태 낀 석탑(石塔)

염원(念願)의
애틋한 눈길
모두 어디로 갔을까?

세월은 가고
거칠고 검은 누의(陋衣)가 서럽다

돌을 쌓던 정성도
합장하던 섬섬옥수(纖纖玉手)도
한 조각 뜬구름으로
흘러가고

이제
빈터에 남아
긴 그림자 외롭다.

북을 치는 여승

깎은 머리 여승이 북을 친다
강해졌다 약해졌다 부드러운 리듬을 타며
멀리 은은히 북 소리가 울려 퍼진다

둥둥둥 딱딱딱
둥둥둥 딱딱딱

무겁고 힘든 번뇌 멀리멀리 날리고
먼지 묻은 마음 말끔히 씻어 주고
더없이 맑고 깊게 심금을 흔든다

회색빛 승려복 여승의 고운 뒷모습

북채를 쥔 가녀린 손과 좁은 어깨가
물결처럼 흐르며 춤을 춘다

둥둥둥 딱딱딱
둥둥둥 딱딱딱

높게 낮게 울려 퍼지는 그윽한 북 소리의 여운
경내의 사람들이 구름같이 모이고

다소곳이 북을 치는 앳된 여승
북소리 짓는 것도 구도(求道)의 길인가?

—청도 운문사에서

토우(土偶)

문득 흙 속에서 찾아낸 천 년 전의 조그만 토우
낯익은 어디서 본 듯한 옛 얼굴을 신기하게
바라본다

천 년의 세월을 건너 뛰어
옛 모습, 옛 옷차림으로 홀연히 나타나
어리둥절하고 낯설어해하는 듯해 더욱 귀엽고
사랑스럽기까지 하다

옷은 다르지만 왠지 친근한 얼굴
가만히 보고 있노라면
작게 무슨 말을 하는 듯해 귀를 기울이게 된다

"천 년이 지났는데도 변한 게 없다! 또 천 년이 가도 맨 같다!"
그렇게 말하는 것 같다

투박하고 구수한 얼굴
오늘 아침 골목에서 만난 친한 옆집 아저씨 같다

천 년 세월 긴 잠을 깨고 나온,
그리고 천 년 후 다시 만날 낯익은 얼굴이다.

힘겨운 과외공부

조그만 1학년 꼬마가
영어, 논술, 피아노, 미술, 태권도 학원을
쳇바퀴 돌듯 돌아다닌다

학교가 끝나면 순례자처럼
학원을 순례하기 시작한다

조그만 틈
옆을 돌아볼 시간이 없다

이제 거부감도 잃고
관성의 작용으로 그냥 따라 움직인다

뒤처지지 않기 위해
앞서기 위해
아이보다 엄마를 위해 더 내몰린다

아침엔
엄마의 성화에 눈곱을 뜯으며 일어나

졸면서 아침밥을 먹고
징징거리며 학교로 뛴다.

교포

언제나 향수라는 그리움을 먹고 사는 사람
늘 마음 한 구석 깊은 곳에 애틋한 고국이 있다

세월이 갈수록 더 짙게 밀려오는 향수
상상 속 고국은 언제나 좋고 아름답기만 하다

때론 전해오는 고국 소식에
기뻐하고 슬퍼도 하지만

이제 멀리서 바라보기만 하는 타향의 몸
고국에선 낯선 손님일 뿐 그리운 생각만큼 마음을
채울 수 없다

말과 고국을 점점 잃어버리는 아이들
몸이 떨어져 마음까지 멀어지는 아픔을
그냥 바라볼 수밖에 없다

나이가 들수록 몸은 타국에 마음은 고국으로
달려가는 맹목적 사랑을 어쩔 수 없다

눈을 감으면
노을 속 푸른 저녁연기에 잠긴 고향마을
어스름이 깃드는 저문 골목길을
지금도 철없는 아이가 되어 소리치며 뛰어다닌다.

안경 속 시선

안경은 이지(理智)의 표정
안경을 쓰면 문명스런 얼굴이 된다
거리에 이상히 안경을 쓴 이가 많다

인간미가 없는 삭막하고 사무적인 완벽주의자
안경을 낀 날카로운 얼굴은
감성보다 이성을 앞세운 원칙주의자 같다

모두가 근시가 되어 버린
그래서 멀리 보지 못하는
슬프고 불행한 이기(利己)의 사람들

안경은 메마르고 창백한 지성의 전유물
무슨 장치처럼 차가워만 보인다

아무래도 안경은
도시가 낳은 냉철한 시선 같다.

이웃

손이 닿는 거리에 있는 그릇처럼
서로 온기를 느끼며
필요하고 편리한 가장 가까운 얼굴

눈빛만 봐도 가슴에 옮겨 오는
따스한 충만 같은 시골의 이웃이다

늘 만나면서도
서로 모르는 듯 비껴가는
도시의 삭막한 이웃

모래알의 고독처럼
서로의 거리와 소외를 키운다

먼지 낀
탁한 도시의 창은
아무것도 우리에게 보여 주지 않는다.

원룸

아무도 간섭을 않는
누구의 간섭도 싫은 나 홀로만의 공간

늘 사람 속에 묻혀 혼자만 있고 싶다

고독이 그렇게 그립고
간절히 소원했던 빛나는 해방
귀한 홀가분함과 소중한 고립을
소유한다

나 이외 신경 쓸 것 없는
간섭받기 싫은
오직 자신만의 알뜰한 시간

고독을 키우고
고독을 즐긴다

서로 딛고 올라가야 하는
치열한 경쟁 속의

모래알처럼 섞이지 않는
메마르고 건조한 삶

때론 불 꺼진 창이
쓸쓸한 빈방과 외로운 식탁이
적막하긴 해도 그건 한 순간일 뿐
혼자가 좋다.

생명의 흐름

곶곶에 생명이 넘쳐난다

전혀 움직이지 않을 듯 움직이는 거대한 빙하처럼
지상의 모든 생명은 서서히 흐르고 있다

생겨나고 사라지고 사라지고 생겨나고
이 순간에도 태어나는 것이 있고
이 순간에도 죽어가는 것이 있다

조금씩 조금씩 성장하고 조금씩 조금씩 쇠퇴하고
살아있는 건 변하며 정지하고 있는 건 없다

커다란 하나의 띠처럼 형성한 광범위한 생명의 흐름
바다의 큰 해류처럼 생명의 거대한 해류가 둥글게
대지를 덮으며 느리게 그러나 정확하게 흐르고 있다

처음과 끝만 분명히 보일 뿐 그 더딘 흐름은 전혀 볼 수도
느낄 수도 없다

그 무엇도 흐름을 막거나 거스를 수 없고 오늘도 내일도
영원히 계속될 것이다

수없이 생성과 소멸을 거듭하는 대지 위에
커다란 생명의 물줄기가 질펀히 흐른다.

피아노의 선율

어느 집 창가로 은은한 향기처럼
피아노 멜로디가 흘러 퍼진다

건반 위에 춤추는 희고 가는 손길이
물 위에 뛰노는 은비늘 고기같이
아름답게 비치고

소리의 고운 파편이
현란하게 눈 위로 춤추며 부서진다

흐르는 맑은 시냇물 소리같이
가슴을 적셔 주는 아름다운 전이(轉移)

때묻은 일상이 고단한 하루가
피아노의 고운 선율을 타고
허공으로 아득히 날아오른다

어느 집 창가로 꿈결 같은 피아노 멜로디가
그윽히 흘러넘친다

알알이 부딪치는 영롱한 구슬 알처럼
밝고 섬세한 선율이 마음을 녹이고
찬란한 별이 되어 빛을 뿌린다.

한 잎의 가을

단풍이 붉게 타고 있다
온통 산이 불타는 붉은 빛이다

나무 하나 하나
잎 한 개 한 개가
붉게 가을을 빛어내고 있다

온 산의 단풍도
하나의 나무
한 개의 잎이 맞는 가을이다

그 나무 하나 하나
그 잎 한 개의 한 개의 가을이다

한 잎의 단풍이 온 가을이 된다

곱게 단풍이 든
아름다운 풍경이 된다.

그대로다

세상에는 언제나 아기가 있고 아이가 있고 처녀 총각이 있고
아저씨 아줌마가 있고 할아버지 할머니가 있다

세상이 아무리 변해도 그대로다

세월이 흐르면
아기는 아이가 되고 처녀 총각이 되고
아저씨 아줌마가 되고 할아버지 할머니가 된다

언제나 같다

세상이 존재하는 한
여전히 아기가 있고 아이가 있고 처녀 총각이 있고
아저씨 아줌마가 있고 할아버지 할머니가 있다.

보통사람

사람 사는 거 누구나 같다
사는 게 쉽지 않고 늘 빠듯하고 내일을 기대고
그렇게 여유롭지도 너무 가난하지도 그냥 고만고만하다

뛰어나거나 이렇다 뭘 내세울 게 없고
지나고 나면 아무것도 아닌 일로 아등바등하기도 한다

어떤 어려움 속에도 잡초처럼 끈질기고 희망을 잃지 않는
속상하거나 슬프면 세상이 무너지듯 한숨짓다가도
언제 그런 일 있었느냔 듯 금방 털고 일어나 웃고 떠든다

특별한 것 하나 없는 그렇고 그런 모두가 비슷비슷하다
평범한 것이 유일한 특징이라면 특징

주변의 대부분인 보통사람들
좋은 일 궂은 일 겪으며 일과 세월에 묻혀 보이지 않고
소망만큼 추억 속에 있는 듯 없는 듯 살아간다

잘 된 일엔 내 일같이 기뻐하고

안타깝거나 몹쓸 일엔 함께 아파하며
어려울 때 서로 돕고 나누는 따뜻한 삶의 온기

이름 없는 잡목이나 멀리서 보면 싱그러운 숲이요
온통 주위를 건강하고 푸르게 물들인다.

가벼워진 예금통장

어린이날, 어버이날, 스승의 날, 성년의 날,
그리고 부부의 날

5월에 들어 조금씩 조금씩
가벼워지기만 하던 예금통장
바람에 날려갈 듯 한없이 얇아진다

먹을 것 입을 것 아끼고 줄이고
어지간한 잔병치레는 몸으로 때우고
애써 부은 적금 전셋값을 못 따른다

갈수록 나아지기커녕 팍팍해지는 삶
이렇게까지 해야 하나
마른 수건 쥐어짜듯 아등바등 살아간다

더 떨어질 수 없게 떨어지면
올라갈 일밖에 안 남았다 하던데
건널 수 없는 절벽 앞에
딛고 선 발밑이 흐물흐물 무너진다

찬 물에 머리감기 싫어
반 드럼치 난방기름 넣고 나니

달랑 얼마 남지 않은 예금통장
누가 볼까 숨긴다.

맞벌이 아내

아내는 슈퍼맨!
낮에는 직장일 밤에는 집안일 두 몫을 감당한다

아침에 아이 떼어놓고 밤에 데려오고
밤 12시 넘기까지 아이 씻기기, 빨래, 아침식사 준비로
파김치가 된다
해야 할 일은 산더미 같고 몸은 하나고 마음만 바쁘다

지푸라기라도 잡고 싶고
어딘가에 기대고 매달리고 싶은 간절하고 애처로운 맘
그러나 남편은 아무 도움이 안 되고

나 혼자 낳았나? 속상해 불평해도
어쩔 수 없이 불량 엄마라는 자책에 시달린다

모성(母性)은 선천적
부성(父性)은 후천적인 교육과 경험
엄마는 본능이나 아빠는 생존의 한 부분일 뿐

아내 손은 미다스의 손
아내 손이 가야 집안이 금빛처럼 빛난다

직장일, 집안일 둘 다 놓칠 수 없는
선택이 없는 벼랑 끝으로 내몰리듯
어떻게 해야 할지 모르는 갈등 속에 보낸다.

십자가

성당의 첨탑 꼭대기에
교회의 지붕에 서 있는 십자가

왠지 가까이할 수 없는
경건함과 경외감을 준다

두 막대기가 만나
세로는 하늘과 영적인 것을
가로는 지상과 현실을 형상화하고 있다

마음으로도 죄를 지어서는 안 되는
그러나 생존과 삶 자체가 죄일 수밖에 없는
갈등과 매듭진 삶들

어쩔 수 없는 죄와 벌에서
용서와 사랑으로
우리를 보호하고 구원하려 한다

교인들에게 더 높은 도덕적 잣대를 들이대는

비교인(非敎人)의 비웃음과 닫힌 눈
항상 양심의 감시 속에서 되돌아보며 괴로워하는
교인의 깊은 신앙심과 기도

넘을 수 없는 높은 울타리로
성벽보다 더 단단한 견고함으로

십자가는 눈부신 밝음 속에서 은은하게
별빛 내리는 어둠 속에서 환하게 빛나고 있다.

눈먼 석불 앞에서

강가 산기슭 석벽 아래
눈이 파인 석불이 앉아 있다
도톰한 육감적인 불신(佛身)은
지금도 피가 돌 듯 생동감이 넘친다

불심(佛心)에 찬
석공의 정 끝에서 피어난 석불은
지금도 그 정교한 손놀림이 보이는 듯 생생하다

두 눈이 빠끔히 파인 모습은
인간의 이기적인 모습인 듯 섬뜩하다

따뜻한 시선으로 보고 있는 듯한 얼굴에는
아직도 희미한 미소가 배어 있다

눈 먼 석불은 우리의 모습
두 눈을 잃은 석불은 심안(心眼)으로 더 깊게
중생의 마음을 볼 수 있게 됐다

석불 앞에
세월처럼 흘러가는 강물 소리 높고
강가에 바스락거리는 마른 풀잎 소리
어지러이 흩어진다

석불은 정좌한 자세로
명상에 잠긴 듯
더 깊은 모습으로 우리에게 다가온다.

베영운 시집_ 야산을 보며
초판 인쇄 | 2014년 7월 20일
초판 발행 | 2014년 7월 27일

지 은 이 | 배영운
발 행 인 | 정종명
편집국장 | 차윤옥

펴낸곳 | 사단법인 한국문인협회 月刊文學 출판부
주소 | 서울시 양천구 목동서로 225 대한민국예술인센터 1017호
전화 | 02-744-8046~7
팩스 | 02-743-5174
이메일 | klwa95@hanmail.net
등록 | 2011년 3월 11일 제2011-000081호
ISBN 978-89-6138-271-7 03810

값 8,000원